令人着迷的中国旅行记

滇池沉船

DIANCHI CHEN CHUAN

云南

乔 冰/著　智慧鸟/绘

吉林出版集团股份有限公司
全国百佳图书出版单位

图书在版编目（CIP）数据

滇池沉船：云南 / 乔冰著；智慧鸟绘. —— 长春：
吉林出版集团股份有限公司，2022.9（2024.3重印）
（令人着迷的中国旅行记）
ISBN 978-7-5731-2051-9

Ⅰ.①滇… Ⅱ.①乔… ②智… Ⅲ.①云南—地方史
—少儿读物 Ⅳ.①K297.4-49

中国版本图书馆CIP数据核字(2022)第167499号

令人着迷的中国旅行记

DIANCHI CHEN CHUAN YUNNAN

滇池沉船——云南

著　　者：乔　冰
绘　　者：智慧鸟
出版策划：崔文辉
项目策划：范　迪
责任编辑：姜婷婷
责任校对：徐巧智
出　　版：吉林出版集团股份有限公司（www.jlpg.cn）
　　　　　（长春市福祉大路5788号，邮政编码：130118）
发　　行：吉林出版集团译文图书经营有限公司
　　　　　（http://shop34896900.taobao.com）
电　　话：总编办 0431-81629909　　营销部 0431-81629880 / 81629881
印　　刷：唐山玺鸣印务有限公司
开　　本：720mm×1000mm　1/16
印　　张：8
字　　数：100千字
版　　次：2022年9月第1版
印　　次：2024年3月第2次印刷
书　　号：ISBN 978-7-5731-2051-9
定　　价：29.80元
印装错误请与承印厂联系　　电话：13691178300

前言

　　中国传统文化丰富多彩，民俗民风异彩纷呈，它不仅是历史上各种思想文化、观念形态相互碰撞、融会贯通并经过岁月的洗礼遗留下来的文化瑰宝，而且是中华民族几千年文明的结晶。而作为世界非物质文化遗产重要组成部分的中国非物质文化遗产，在历史、文学、艺术、科学等领域具有非同寻常的价值，正越来越受到世界各国政府、学术界及相关民间组织的高度重视。

本系列丛书为弘扬中国辉煌灿烂的传统文化，传承华夏民族的优良传统，从国学经典、书法绘画、民间工艺、民间乐舞、中国戏曲、建筑雕刻、礼节礼仪、民间习俗等多方面入手，全貌展示其神韵与魅力。丛书在参考了大量权威性著作的基础上，择其精要，取其所长，以少儿易于接受的内容独特活泼、情节曲折跌宕、漫画幽默诙谐的编剧形式，主人公通过非同寻常的中国寻宝之旅的故事，轻松带领孩子们打开中国传统文化的大门，领略中华文化丰富而深刻的精神内涵。

人物介绍

茜茜

11岁的中国女孩儿，聪明可爱，勤奋好学，家长眼中的乖乖女，在班里担任班长和学习委员。

布卡

11岁的中国男孩儿，茜茜的同学，性格叛逆，渴望独立自主，总是有无数新奇的想法。

瑞瑞

11岁的中国男孩儿，布卡的同学兼好友，酷爱美食，具备一定的反抗精神，对朋友比较讲义气。

欧蕊

11岁的欧洲女孩儿，乐观坚强，聪明热情，遇事冷静沉着，善于观察，酷爱旅游和音乐，弹得一手好钢琴。

塞西

9岁的欧洲男孩儿，活泼的淘气包，脑子里总是有层出不穷的点子，酷爱网络和游戏，做梦都想变成神探。

机器猫费尔曼

聪慧机智，知识渊博，威严自负，话痨，超级爱臭美。喜欢多管闲事，常常做出让人哭笑不得的闹剧。

华纳博士

43岁的欧洲天才科学家，喜爱美食，幽默诙谐，精通电脑，性格古怪。

目 录

目 录

第一章
Chapter 1
滇池沉船

几个小时后，古镇的渡口出现了几个浑身湿透、脸色青紫的家伙。

总算死里逃生了……这是哪儿啊？

机器猫，你倒是定位一下啊，怎么光顾着傻笑？

我的修复工具全掉水里了……只能期待奇迹出现。

我觉得他有些反常。

进水的机器猫彻底罢工了。

值得安慰的是，带有防水功能的古书安然无恙。

我饿得一点儿力气也没有了。

看来我们只能做乞丐，沿街乞讨了。

几位路人先后离开路边一个生着炭火的小摊，每人手里都提着一袋东西。

那是烤饵块，云南的特色美食。

那些手里拿着小砖块的人怎么不停地换手吹气？

上帝啊，他们一定比我还饿，竟然开始吃砖了！

高原明珠

位于昆明市西南部的滇池，是云南省最大的淡水湖，因地震断层陷落而形成。它不仅拥有湖泊的秀丽，还有海洋般的广阔(素称"五百里")，所以又被称为"昆明湖""滇海"，是著名的高原明珠。

滇池碧波荡漾，天光云影，周围是星罗棋布的渔村和巍峨的群山。因为有滇池甘甜清澈的湖水滋润，滇池周围良田万顷，宛如高原上的江南。

官渡古镇

　　官渡镇原是风景如画的小渔村，历代大理国的王公、贵族游览滇池时，常常流连忘返。后来古镇变成了古渡口，不仅商家云集，宗教也空前发达起来，一座镇上就有六寺、七阁、八庙，唐朝时修建的土主庙规模宏大，宋代的法定寺装饰华丽，不时传来悠扬的钟声。

　　入夜时，渡口高耸的灯塔上会挂起醒目的红灯笼，为官船和渔舟指明航向。

饵块

　　饵块是云南的特色小吃，多半是官渡出产。饵块又白又软，口感清香软糯，是当地人春节的必备食物。饵块的烹饪方法多样，可以烧、煮、炒、卤、蒸、炸，炭烤吃法更受欢迎。

　　从腊月的第一天开始，人们就要沐浴更衣，一起制作饵块：6到8个人踩碓春米，一个人眼疾手快拨碓，两三个人揉面，其余的人打下手儿。

饵块制作流程

△选米：选取有黏性、米香浓郁的大米。

△泡米：用的水不能呈碱性，一般选官渡宝象河中的流水。

△蒸米：将泡过的米放到木甑里蒸到六七成熟。

△舂碓：木制踩碓重约300千克，需要6到8个壮汉同时发力，像压跷跷板一样踩起来，然后让其靠重力落下。

△揉捏：舂打好的面放到案板上反复搓揉，做成砖状的饵块。

△晾晒：晾晒好的饵块，能自然存放3个月。

第二章

chapter 2

比武大会

布卡提心吊胆地仰视着头顶的石头。

这块巨石摇摇欲坠，随时可能砸下来。

放心吧，它已经保持这个姿态很多年了。

看得我冷汗都冒出来了。

难道这就是传说中的刀山火海？

上面的石头则酷似锋利的刀剑。

你们看那片石林，下面的石头像不像燃烧的烈火？

世界地质公园

昆明石林景观独特，被联合国评为"世界地质公园"，景区里青灰色的石峰密集，至高点是步哨山，最高处海拔1796.7米。

石林不仅怪石嶙峋，还遍布着各种海洋生物形成的化石——如巨型腹足类海洋生物化石，生动展现着2.7亿年前海底的风光。

石林中的长湖水质清澈，湖中有小岛，环境清幽，是传说中阿诗玛的故乡，隐藏在四面青山中，人迹罕至。

火把节

　　彝族撒尼人世代居住在石林地区，他们最盛大的节日是火把节。火把节被誉为"东方狂欢节"。人们在这一天击打燧石取火，祈求来年风调雨顺。

　　而彝族撒尼人的三弦舞则被称为远古舞蹈的活化石，富有强烈的感染力。跳舞时男女排列成两排对舞，不限人数。撒尼小伙手持大三弦，以笛子和哨子伴奏，大家三步一踢脚，按步伐变换队形。

阿诗玛

　　《阿诗玛》是叙事长诗，流传在云南石林彝族支系撒尼人中。它反映了彝族撒尼人坚强不屈的民族精神，被翻译成20多种文字，在世界各地广泛传播。

　　有户贫苦人家生了个女儿，视她如珍宝的爹妈为其取名阿诗玛(寓意金子)。美丽的阿诗玛能歌善舞，赢得了许多小伙子的青睐。阿诗玛心仪孤儿阿黑，在一年一度的火把节上与阿黑订下了婚约。

　　财主的儿子阿支趁阿黑放羊时强抢阿诗玛，强迫她跟自己成亲，阿诗玛誓死不从。

　　闻讯赶来的阿黑按照彝族撒尼人的习俗和阿支比赛，阿支屡战屡败。财主恼羞成怒，指使家丁放出猛虎，猛虎被勇敢的阿黑射死。

　　财主父子不肯罢休，勾结崖神放洪水卷走了阿诗玛。应山歌姑娘救出阿诗玛并把她变成了石林中的一座石峰，让她的身影永远留在了人间。

第三章

Chapter 3

神秘的村落

扫码获取

☑ 角色头像
☑ 阅读延伸
☑ 趣味视频

每个人的衣服都湿透了，却笑得那么开心。

傣族人认为圣洁的水可以冲走疾病和灾难。

傣族女孩儿长得真好看！

她们今天个个身着盛装，显得格外漂亮。

傣族人视孔雀为圣鸟，很久以前就模仿它的优美姿态起舞。

哇，真像一群美丽的孔雀在翩翩起舞！

此时一阵乐声传来，盛装的傣族姑娘载歌载舞。

傣族

据2010年第六次人口普查数据，傣族在中国境内有126万余人，大部分居住在热带地区的大河流域，如云南的西双版纳傣族自治州，还有一些散居在云南各地。

傣族历史悠久，有自己民族的历法。过去，大部分傣族人信仰南传上座部佛教。40岁以上的傣族人可以到奘房中受戒修行。

孔雀舞

　　傣族的传统舞蹈种类繁多，其中以孔雀舞最负盛名。它的舞姿轻盈婀娜，肢体表达细腻柔美。在傣族的各种节日，包括宗教节日里，人们都会表演孔雀舞。

　　傣族人认为孔雀象征幸福、吉祥、智慧和善良，不但许多人喜欢在家中饲养，而且在一千多年前人们就开始模仿孔雀的美态，慢慢形成了最受欢迎的优美的孔雀舞。

泼水节

泼水节源于印度，随着佛教传入傣族地区。

这天，男女老少穿上节日的盛装相互泼水，表达由衷的祝福。

"水花放，傣家旺。"人们用各种容器盛满清水，在大街小巷追逐嬉戏，尽情地泼水，期待圣水能带走疾病和灾难，保佑族人幸福安康。

节日的狂欢

　　泼水节是傣族最隆重的节日，也是少数民族影响力最大、参加人数最多的节日之一。

　　泼水节为期三四天，节日期间锣鼓声震耳欲聋，水花四处飞溅，俨然欢乐的海洋。

　　除了泼水，人们还会赛龙舟、跳孔雀舞、放"高升"，尽情狂欢。

　　放"高升"是在整棵大竹子的竹节里装上火药，点燃后整根竹子崩上高空，射得越远、飞得越高就越吉祥。

chapter 4

第四章

彝医友拉

你们快来呀，老爷爷的伤口开始恶化了！

还有机器猫也病得不轻，整天只会嘟囔"无聊"。

顾叔叔，你不是说云南是"植物王国"吗？

不如我们去山上采一些回来。

那一定有很多中草药吧？

对不起，是我拖累你们了。

该说"对不起"的是我们，让霍曼在石林中伤到了您。

43

山地民族

彝族是古老而独特的山地民族，人口870余万，有很多分支，包括前面提到的居住在石林里的撒尼人。

彝族世代生活在人迹罕至的深山，以采摘、狩猎等为生，逐渐练就了就地取材的制药技能，以采摘植物药、狩猎动物和采集矿物来入药，并代代传承。

彝医分内治法和外治法，内治法主要为口服药物，外治法包括外敷、熏蒸、放血、针刺、拔罐等。

云南白药

在武侠小说中除暴安良的侠客们随身必备，在枪林弹雨的战场上能让士兵起死回生，它就是云南白药。

云南白药是居住在云南地区的彝族先民经过多年实践、发明、研制出的一种中草药，它对治疗刀伤、扭伤等一些外科伤病有很好的消肿化瘀和愈合伤口等功效，被誉为"百宝丹"，是彝族医药最著名的代言产品。

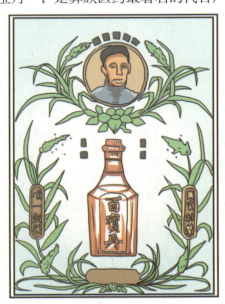

药物种类

植物药：彝族根据季节、花期采集植物药，用药碾捣烂后外敷，或者与食物一起炖服。

动物药：彝族长期和野兽接触，动物药自成一体，如牛黄、麝香、犀角等，并根据动物的生长环境，以及出洞、进洞规律等特性采收动物药。

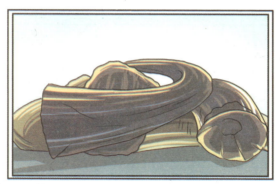

矿物药：彝族的居住地，盛产硫黄和火硝，还有矿物盐。彝医习惯用矿物盐清洗伤口，用盐拌草药熬吃。

水膏药疗法

彝族水膏药疗法对风湿肿痛、跌打损伤、腹泻腹痛有显著的疗效。根据病情和伤势，彝医取用对症的药粉，选择高山冰水、深井水、泉水、温水或醋，把药粉调成糊状。

以跌打损伤为例：病患受伤初期，取高山冰水或汲取深井水，把具有止痛、活血化瘀功效的药粉一起调和，贴敷在青紫红肿的患处。而在跌打损伤的中后期，则必须用温水调药，以促进血液循环，增加身体代谢速率，消炎消肿。

第五章

指尖绽放的花朵

扫码获取
☑ 角色头像
☑ 阅读延伸
☑ 趣味视频

友拉家中的火塘明亮而温暖，他的妻子阿卓热情地张罗着饭菜。

哇，你提前生好火炉了？

这也太热情了……

那是火塘，塘火终年不熄……我得赶紧用温水调药了。

我记起来了，火把节就是彝族的吧？

是的，彝族视火为光明，对它非常崇拜。

这是彝族的习俗,让客人过目后再宰杀,表示尊重。

友拉,你的妻子怎么把活猪拉到我们面前来了?

这里面的文字好奇怪,样子像蝌蚪。

一个字也看不懂的天书。

布卡和瑞瑞的目光被一本书吸引住了。

不许乱碰,那可是我好不容易才得来的医书!

那是彝文,世界级的古文字。

阿卓姐姐,你衣服上绣的花真好看。

那是马缨花,不仅美丽灿烂,而且经得起风吹雨打。

绣花鞋上的图案更是别出心裁!

我的阿卓心灵手巧,是出了名的绣花能手!

那边是我准备拿到三月街去卖的绣品,你们要是喜欢可以挑选一件。

众人兴高采烈地围到绣品前。

我的拿手菜再炖5分钟就能吃了。

阿卓拿起绣品飞针走线。

她要是哪天不绣上一阵子，就会感觉六神无主。

阿卓姐姐真够争分夺秒的。

刺绣是我们彝族女子生活的一部分，一有空闲就绣上几针。

独特的民族

崇拜火的彝族人，屋内常设火塘，塘火终年不熄，用来取暖、照明、烹饪食物、接待客人。

彝族女孩儿的服装上遍布手工刺绣，一套衣服要花一两年的时间才能完成。因此，衣服数量多、绣花图案好的彝族女孩儿，会被认为心灵手巧，得到全村寨的尊重。

彝族刺绣

彝族少女几岁时就跟着长辈学习刺绣技艺，出嫁时穿的新娘装必须由自己一针一线亲手绣制。每年的正月十五，彝族人会组织隆重的"赛装节"，彝族少女穿着自己的绣品争奇斗艳，寻找自己的心上人。

每个彝族女孩儿都有一个精巧的针线包，里面放着花线和花边。无论是在田间小憩，还是其他闲余时间，她们都会见缝插针，拿出绣品绣上几针。

　　彝族刺绣种类繁多、异彩纷呈，充分展示着彝族人崇尚自然的审美，对美好生活的向往和热爱。绣品丰富多样，除了不可或缺的服装外，常见的还有包、鞋子、鞋垫和其他饰品。

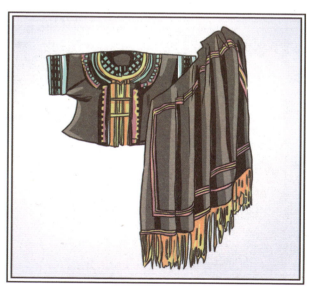

　　彝族人的衣服做工考究，内衣和外衣的领边、袖口都绣着彩色的花纹和图案，刺绣格外耀眼。

彝族刺绣的特点

一、图案丰富，从日、月、星辰到朝霞、祥云，从山水、花鸟到雷电、猛兽，应有尽有。

二、技法多变，常见的有平绣、刺绣、镶绣、堆绣、扣绣、盘花与贴花等。

三、风格多样。彝绣五彩斑斓，着色精心搭配，茶花红、紫黑、绿、黄等颜色备受绣女的青睐，和衣服的布料底色形成鲜明的对比，演绎出万种风情。

第六章

Chapter 6

古代冰激凌

货品琳琅满目、人群接踵摩肩的三月街。

三月街上什么都能买到，玉器、刺绣、马匹和药材……

我的嫁妆就是在这里采买的。

我好像闻到一股药材的异香。

那一座座堆在地上的，都是中草药？

堆得像小山一样！

来自苍山的天麻、三七，藏区的鹿茸、麝香……应有尽有。

她们的头饰好特别。

而且头饰的主人个个美丽动人。

茜茜和欧蕊目不转睛地盯着来来往往的白族女孩。

白族女孩儿出了名的美貌，而她们的头饰代表大理的"风花雪月"。

看到那下垂的穗子了吗？它代表下关的风。

而头饰上的花朵就是上关的花了？

帽子顶部的白色象征的就是苍山上的白雪？

塞西冲到一个商贩跟前，兴奋地大叫起来。

古代怎么会有冰激凌？

哇，卖冰激凌的！

这是我一大早从苍山上背回来的雪！

浇上糖稀吃一碗，那味道令人回味无穷！

众人捧着盛放苍山雪的大碗，惬意地吃了起来。

只在三月街时才卖。

伯伯，你平时以卖雪为生？

那边的戏台被挤得水泄不通，大家伸长脖子在看什么呀？

那是白族人在对歌。

歌逢对手时，常常几天几夜难决胜负。

现编现唱的功夫得有多惊天动地！

连唱几天几夜？

三月街最激动人心的项目即将开始了，赶紧跟上我！

人山人海的赛马场，不时响起雷鸣般的呼声。

这些马儿的奔跑速度比赛车还快！

叔叔，你怎么比骑手还激动？！

我身未动而心已远！

好惊险！万一跌下马，就会被踩成肉酱。

所以说，这是勇气和速度的较量！

这马蹄声真像鼓点，敲得我心跳明显加快。

何止加快？我的心脏都快蹦出来了！

"风花雪月"

"风花雪月"是大理四景：下关风、上关花、苍山雪、洱海月。

下关风：风向特定，使得大理空气清新，在缺医少药的古代也与疫病无关。

上关花：别名十里香，花形比玉兰更饱满、清丽。

苍山雪：三月时的苍山顶白雪皑皑，山下是色彩斑斓的油菜花，真正的阳春白雪。

洱海月：洱海清澈深邃，天上的月亮和水中月亮的影子交相辉映。

白族

　　历史悠久的大理，位于洱海中部，是云南的文化发祥地之一，是大理古国的都城，也是白族文化的发源地。从4世纪开始，白族祖先就在这里繁衍生息，创造了他们独特的文化。

　　白族崇尚白色，服饰以白色为主色，而女子头上戴的头饰，则代表着大理的"风花雪月"。白族的传统节日很多，其中最盛大的就是已有上千年历史的三月街。

三月街

  三月街是一年一度的节日，也是盛大的物资买卖节——骡马、药材、茶、丝绵、毛料等物品琳琅满目，其规模在亚洲名列前茅。

  在三月街时，人们不仅进行贸易，还会按照习俗唱歌跳舞，进行惊心动魄的赛马表演。

三月街每年农历三月十五日在大理的苍山脚下举行，会期7—10天。

　　大理是古代南方丝绸之路的必经之地，是滇西的商品集散地，还是中国通往中南半岛和印度的十字路口。得天独厚的地理位置，成就了声名远扬的三月街。

　　白族、彝族等少数民族和缅甸、泰国的商人纷纷前来。明代著名旅行家、文学家徐霞客曾对大理三月街有详细记录。

第七章

Chapter 7

大理国经幢旁的仙乐

扫码获取

☑ 角色头像
☑ 阅读延伸
☑ 趣味视频

阿卓开心地把一袋银两递到顾叔叔手中。

我的刺绣不一会儿就被抢光了……这些送给你们做盘缠。

我就知道阿卓姐姐的手艺一定会大受欢迎！

来三月街一趟，得买点儿礼物带回去。

当作来过三月街的纪念。

可以买一把本地特有的药材。

啊？还有把药材当纪念品的？

地藏寺香烟缭绕，环境清幽，院中耸立着一座精致的石雕。

真是惟妙惟肖！

这座石雕上的刻工特别精细。

石雕上的文字好神秘。

那是梵文雕刻出的经文。

难道它就是传说中的大理国经幢？

被誉为"滇西艺术极品"的那个经幢？

我能想到的天籁也不过如此。

我的大脑空前宁静，把美食忘得干干净净。

此刻我有种冲动，想原谅所有曾伤害过我的人。

洞经音乐可以陶冶情操，净化心灵。

我想做洞经音乐的乐手，可以天天净化心灵。

你确定？那你可要一直留在这里了。

啊？！那还是算了吧！

大理国经幢

大理国经幢又被称为"地藏寺石幢""梵文经幢""古幢"，由五段紫砂石精雕细刻而成，是中国绝无仅有的艺术杰作。

它不仅造型优美，而且刀法遒劲，雕刻出的300尊神像个个神灵活现，是古代石雕艺术不可多得的珍品。

后来因为地藏寺倒塌，古幢被长期埋没地下，1919年才得以从地藏寺的废墟中挖掘出来，现珍藏于昆明博物馆。

洞经音乐

　　洞经音乐是古老的汉族器乐之一，源于古代的道教丝竹乐，最初是"娱神"的音乐。

　　其因是专为宗教祭祀活动而演奏的民族宗教音乐，在演奏形式上带有浓厚的宗教色彩，在人们心目中赢得了独特的地位，被誉为"仙乐"或者"雅乐"。大家普遍认为能听到洞经音乐的人能"消灾避邪，增福增寿"。

道教文化里的文昌帝君主宰功名，被尊称为文星，关于它的重要经文《文昌大洞仙经》在全国的道教信徒中普遍流传。人们习惯称道教经书为洞经，而演奏的关于洞经的音乐也就自然而然地被称为洞经音乐。

洞经音乐劝善惩恶，净化心灵，快节奏时气势磅礴，欢腾喜庆；而慢节奏时悠扬，古朴灵动，让人仿佛步入仙乡妙境。

洞经音乐融合了吹、拉、弹、唱、念等多种表现手法，演奏乐器主要分为三种：大乐、细乐和锣鼓经。

大乐以吹打乐为主，如唢呐、笛、笙等；细乐以笛子为主奏乐器，用洞箫、琵琶、古筝等相配合，并配以木鱼；锣鼓经以锣鼓为主，刚健有力。

第八章

Chapter 8

神奇的布料

顾叔叔兴奋地打开古书。

洞经音乐|

踏破铁鞋无觅处得来全不费工夫。

为什么输入洞经音乐却毫无反应？

难道又是一个双关谜语？

必须同时找到无字史书才能显示地图？

众人一扫先前的兴奋，沮丧地垂下脑袋。

别灰心，继续寻找无字史书就是。

咦？我的衣服什么时候破了个大洞？

我也好不到哪里去，衣衫褴褛。

可能是我们摔下山崖的时候，衣服被树枝刮破了。

我去买些扎染布给你们缝制新衣吧！

扎染布？

那种布料不仅色彩鲜艳，而且永不褪色。

扎染布是用植物染料，纯手工染色而成。

我还从来没穿过这么原生态的布料呢！

那是金花姐妹，我一直从她们那里买布料。

蝴蝶泉边的周城村寨里，两位美丽的白族少女热情地冲着阿卓挥手。

人如其名，好漂亮！

那些女孩儿在埋头忙什么呢？

这里有种习俗，可以称呼白族的女孩儿为金花。

我们村寨里的女性个个都会扎花，无论是小女孩儿还是老奶奶。

她们在扎花。

扎染布的颜色青中带翠，古朴而生动。

这朴素的风格，太适合我谦虚、低调的个性了！

给我来块花、蝶图案的布料，我要做长裙。

塞西和瑞瑞一起对着布卡翻白眼。

阿卓姐为什么对花、蝶图案情有独钟？

我也要这种图案的布料！

它象征吉祥和风调雨顺，很多人都喜欢。

别捣乱！

扎花被扎住的部分不会被染上颜色，呈现出白色。

其余的部分则被染成了深蓝色。

从白"花"到蓝"底"之间有渐变色，显得格外生动。

他几乎无所不知。

我们不太会讲，如果想知道得更详细，就得去问百岁老人了。

无所不知？

布卡等人的眼睛一下亮了起来。

扎染

　　扎染又叫绞缬染，起源于一千多年前，是古老的印染技艺。史书记载东汉时大理染织之法已经广泛流传，而从唐代《南诏中兴国史画卷》和宋代《大理国画卷》中，人物的服饰采用的就是印染技术。

　　扎染技法产自大理的白族，所以又被称为大理扎染、白族扎染。位于蝴蝶泉边的周城是白族聚居的村落，家家有染缸，被誉为"民族扎染之乡"。

神奇的布料

　　大理扎染以白族手工织造的纯棉白布和棉麻白布为原料，以生活中随处可见的动物和植物为素材设计图案，取苍山上生长的蓼蓝、板蓝根、艾蒿等天然植物为染料，反复浸染而成。

　　制作出的扎染布不仅朴素大方，图案灵动活泼，色彩鲜艳、永不褪色。这些都是化学染料望尘莫及的特点。

别具一格的工艺

扎染的制作方法别具一格，主要工序为：画样、扎花、浸染、漂洗、晾晒、拆线，其中扎花和浸染是主要工序。

画样：在与布料等大的蜡纸上绘制图案，在相应的点上刺洞，刷浆上色，使得图案可以透过蜡纸印到布料上。

扎花：按照图案的要求折叠、翻卷，把布料变成特定的形状，然后用针线缝合成一串串的布疙瘩。

植物染色

制作染料：将板蓝根等植物浸泡半个月，水变成蓝色后将其捞出，倒入石灰水搅拌、沉淀，植物染料就做好了。

浸染：将扎好疙瘩的布用清水浸泡后放入染缸，过段时间捞出晾干，然后再将布料放入染缸，反复浸染。缝线部分不会着色，便形成了美丽的花纹。

漂洗：将浸染好的布料捞出，放入清水漂洗，晾干，然后挑开疙瘩熨平。

第九章

chapter 9

古茶树下的百岁老人

那您是否知道什么是无字史书?

老爷爷，听说您无所不知?

当然知道，能问住小老儿的人还没诞生呢。

您真的知道无字史书?

它到底是什么?现在在哪里?

我们怎样才能找到它?

知道是知道，可我凭什么告诉不相干的人?

百岁老人孩子气地嘟起嘴巴。

众人愣在原地，大眼瞪小眼。

助人为乐是一种美德，您应该学我……

小孩儿，要表现得自己有素质，最好要谦和，明白吗？

分享是最大的快乐，老爷爷，和我们分享一下无字史书的事情吧！

哼！少说废话！

金花姐妹怎么不告诉我们，他是个怪人？！

素闻中国讲究茶道，可我做梦也没想到有九道之多！

小老儿只结交爱茶、懂茶的人，你们趁早滚蛋吧！

您开始吧，我愿意试试！

百岁老人专注地用沸水冲洗着茶具。

茶壶里什么都没有呢，为什么要用开水反复冲洗？

这叫温杯。

你答对了一道，还差八道。

好好的九道茶变成了八道茶，无字史书的事免谈！

机器猫和顾叔叔紧张地回答着老人的问题。

赏茶、温杯、投茶、冲泡，嗯……

匀茶、斟茶、敬茶、品茶……还有一道是什么呢？

好吧，谁让我爱助人为乐呢……你们去苗族村寨看看吧。

但还是求您给我们一点儿线索吧！

普洱茶

普洱茶因产地在古代属于云南普洱府而得名。与其他以新为贵的茶不同，普洱茶是可以入口的古董，随着时间的推移日渐升值。

普洱茶分成生茶和熟茶两种：

生茶：采摘新鲜的茶叶自然陈放，不经过发酵，长久储存，颜色变深，香味愈加醇厚。

熟茶：经过发酵使茶性趋向温和，口感更加柔顺，而且会随着茶叶放置的时间变得越来越柔顺。

迎客茶

昆明九道茶也称迎客茶，是云南居民在家中招待客人的一种饮茶方式。九道茶一般冲泡普洱茶，有九道程序：赏茶、温杯、投茶、冲泡、浸茶、匀茶、斟茶、敬茶、品茶。

九道茶的仪式，不仅可以因为过程的缓慢，让普洱茶中所有的精华如茶多酚、蛋白质、茶色素等不断被释放出来，而且体现了温文尔雅的茶文化，心灵如同经历一次洗涤和净化。

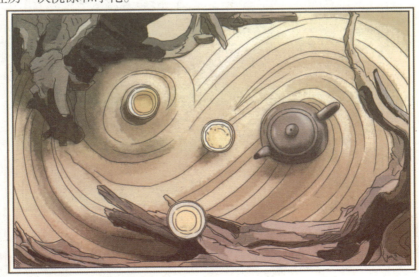

九道茶工序

△ 赏茶：请客人对普洱茶察色、闻香，诠释普洱茶的文化，激发饮茶情趣。

△ 温杯：用沸水冲洗，提高茶具温度，有利于茶汁浸出。

△ 投茶：按1克茶用50—60毫升水的比例，将适量普洱茶投入壶中。

△ 冲泡：把沸水迅速冲入壶内（以泉水为佳），至3—4分满。

△ 浸茶：立即给茶壶加盖，稍加摇动，然后静置5分钟左右，让茶中的精华充分溶解在水中。

△ 匀茶：打开茶盖再向壶内冲入开水，到茶汤浓淡相宜。

△ 斟茶：将茶汤分别斟入呈半圆形排列的茶杯中，从左到右来回斟茶，一直到杯子8分满，每个茶杯里的茶汤要浓淡一致。

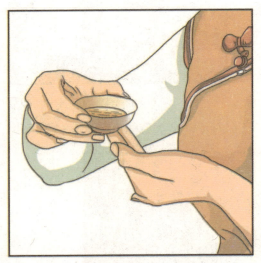

◁ 敬茶：主人手捧茶盘，按长幼辈分依次向客人敬茶。

▷ 品茶：闻茶香，欣赏明亮的茶汤汤色，然后将茶汤徐徐喝入，细细品味。

第十章
Chapter 10
苗族服饰的秘密

众人正疑惑地看着落荒而逃的友拉，两位歌喉婉转的苗族少女围了上来。

我的大脑又进水了？不爱喝反而要喝三杯？

机器猫彻底恢复了！

你爱喝就喝一杯，不爱喝就喝三杯。

我不能再喝了！

你喝也得喝，不喝也得喝！

这劝酒歌太霸气了！

华纳博士和顾叔叔一杯杯地喝下米酒。

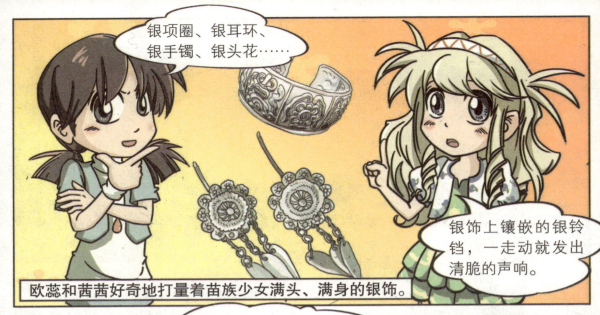

银项圈、银耳环、银手镯、银头花……

银饰上镶嵌的银铃铛，一走动就发出清脆的声响。

欧蕊和茜茜好奇地打量着苗族少女满头、满身的银饰。

那是响铃，它清脆的声音陪伴着我们的祖先四处漂泊。

这些银饰件件精美，一定花了不少时间打造。

从我们年幼时，家里就开始逐年打造了。

苗族的银饰文明由来已久。

苗族人民太可爱了，把银子全穿在身上，偷起来特方便！

一棵古树后，闪过霍曼满脸阴笑的脸。

看到我披肩上的刺绣了吗？

全是一个形状……你们就想不出别的图案了？

这图案是祖先迁徙时，保护家人用的利箭。

你看我身上的图案像什么？

原来我们苦苦寻觅的无字史书根本不是书！

仙境妙音是洞经音乐，而无字史书是苗族服饰。

有人想偷苗寨里的银饰，被逮住揍了一顿！

那边怎么那么吵？

众人惊奇地打量着眼前这个倒霉蛋。

好眼熟······霍曼？！

高山苗族

　　苗族在高山上搭建的吊脚楼里安居乐业，人人擅长芦笙舞。苗族祖先饱受战争之苦，习惯选择高山隐居。而他们的吊脚楼既通风，又防野兽，充分体现了先人的智慧。

　　苗族祖先靠狩猎为生，为了捕获更多的鸟兽，便砍竹子做了能模仿鸟兽鸣叫的芦笙，并跳着吹奏以引诱各类鸟兽。人们从此能捕获到足够的猎物，芦笙舞也世代相传。

酷爱银饰的民族

　　常年迁徙的苗族习惯把所有财富随身戴着，逐渐形成了酷爱银饰的独特文化。苗族女孩儿年幼时，其家人就开始为她逐年打造银饰，小心地放在木箱里珍藏。银饰包括银冠、项圈、披肩、项链、耳环、手镯、戒指等，其中光项圈就有大小不等的7个（一套），约两千克重。

　　等女孩儿长大，会在节日和出嫁时，用所有的银饰把自己装扮起来。

最有风情的服饰

在所有的民族服饰中，苗族服饰是最华丽、最有风情的。它不仅色彩夺目，装饰繁复，其神秘的图案更是耐人寻味。

银饰、苗绣、蜡染是苗族服饰的主要特色。巧夺天工的苗绣，可以绣出具有文字功能的图案。

由于年代久远，有些图案已经无法解读，更添神秘。

看漫画
领专属角色头像

跟着书本去旅行

在阅读中了解华夏文明

01

角色头像

把你喜欢的
角色头像带回家

02

阅读延伸

了解更多
有趣的知识

03

趣味视频

从趣味动画中
漫游中国

还有【阅读打卡】等你体验